Dinner off Düringisch
oder
Gebordsdaachsessn for Enne

Andreas M. Cramer

Dinner off Düringisch
oder
Gebordsdaachsessn for Enne

Mit Illustrationen von Kai von Kindleben

SUTTON

Impressum

Sutton Verlag GmbH
Arnstädter Straße 8
99096 Erfurt
www.suttonverlag.de

ISBN: 978-3-96303-362-9
Druck: Florjančič Tisk d.o.o. / Slowenien
Gestaltung und Herstellung: Sutton Verlag

Inhaltsverzeichnis

„Alles genausu wie voors Jahr, Frollein Sofie?"

„No! Alles gans genausu wie jedes Jahr, Hänser!"

Vorwort

„Dinner for One“ ist zweifellos Kult. Bereits seit rund fünf Jahrzehnten begeistern May Warden als Miss Sophie und Freddie Frinton als ihr Butler James alljährlich am Silvesterabend im Fernsehen ein Millionenpublikum. Und nicht nur ausgesprochenen „Dinner“-Fans sind die Namen der von James vertretenen Gäste – Sir Toby, Admiral von Schneider, Mister Pommeroy und Mister Winterbottom – bekannt.

Das, was die Forschung bislang zum Ursprung des beliebten Sketches herausgefunden hat, ist eher dürftig: Ein weitgehend unbekannt gebliebener britischer Theaterautor namens Morris Laurence Samuelson (der unter dem Pseudonym Lauri Wylie schrieb und von dem man nicht einmal das genaue Todesdatum kennt) verfasste wahrscheinlich in den 1940er-Jahren das rund 15-minütige Bühnenstück, das spätestens ab 1948 unter dem Titel „Dinner for One“ in englischen Varietès gespielt wurde. Heute gilt das „Dinner“ als der meistgespielte und aufgrund seiner Beliebtheit unzählige Male adaptierte Silvestersketch der Welt.

Dank eines geradezu sensationellen Zufallsfundes lässt sich nunmehr zweifelsfrei belegen, dass die Ursprünge des „Dinners“ jedoch keineswegs in England liegen, sondern – in Thüringen! Und dass Wylie seinerzeit keinesfalls eine geniale eigene Idee hatte, sondern lediglich ein schon über einhundert Jahre altes Bühnenstück übersetzte und umarbeitete.

Als im Sommer 2014 die bis dahin im Gothaer Schloss Friedenstein lagernden Bestände des Thüringischen Staatsarchives (bis 1923 Herzoglich Sächsisches Haus- und Staatsarchiv) in die neuen Archivräume im Gothaer „Perthes-Forum“ umzogen, tauchte ein bislang unbekanntes Manuskript auf: 36 doppelseitig beschriebene und ungebundene Seiten, betitelt „Gebordsdaachsessn for Enne“. Es stellte sich heraus, dass es sich bei dem Werk aus der Feder eines unbekannten Autors um ein kurzes Theaterstück in thüringischer Mundart für zwei Darsteller und einen Ansager handelt. Die Handlung besteht aus einem recht komisch anmutenden Geburtstagsessen, bei dem eine ältere herrschaftliche Dame namens Fräulein Sophie im Kreise ihrer vier längst verstorbenen und daher nurmehr in ihrer Vorstellung anwesenden Freunde Geburtstag feiert. Die imaginären Gäste – ein Pfarrer, ein Amtmann, ein Arzt und ein Schuldirektor – werden trinkend und sprücheklopfend durch ihren „Hänser“ genannten Diener Johann vertreten, der während des Geburtstagsessens zunehmend betrunkener agiert und wiederholt über ein auf dem Boden liegendes Löwenfell stolpert.

Das auf den ersten Blick lediglich wie eine Thüringer Mundartversion des bekannten englischen „Dinner for

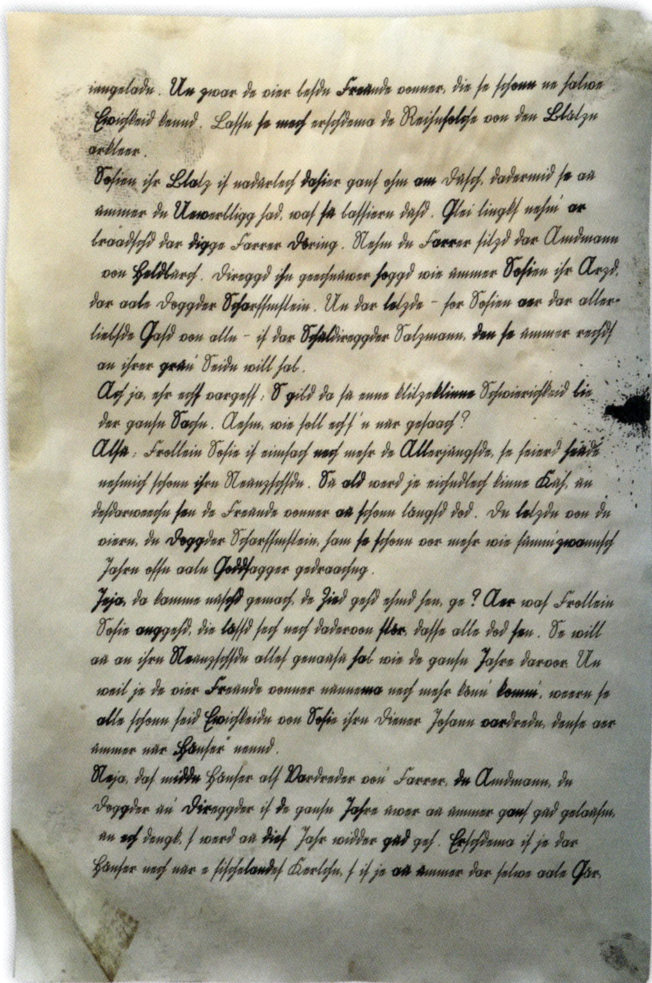

Eine Seite des Originalmanuskripts des „Gebordsdaachsessens for Enne" mit einem Teil des Prologs. Als verschollen gilt die möglicherweise einzige existierende Abschrift des Stückes, die sich einst im Besitz Prinz Alberts von Sachsen-Coburg und Gotha befand und nach der Laurie Wylie seine „Dinner for One" betitelte englische Übersetzung anfertigte.

One“ erscheinende Stück konnte anhand des verwendeten Papiers, der Tinte und des Schriftstils eindeutig auf die späte erste Hälfte des 19. Jahrhunderts, d.h. in die Zeit des späten Biedermeier, datiert werden. Damit ist das thüringische „Gebordsdaachsessn“ rund 100 Jahre älter als Wylies „Dinner“! Die Sensation war perfekt.

Wie aber konnte Wylie von dem amüsanten Geburtstagsessen erfahren haben, das ganz offensichtlich die Vorlage für sein bekanntestes Bühnenstück war? Forschungen ergaben, dass kein Geringerer als Albert von Sachsen-Coburg und Gotha, der Prinzgemahl der britischen Königin Victoria, das „Gebordsdaachsessn“ nach England brachte.

Der 1819 auf Schloss Rosenau bei Coburg geborene Prinz Albert verbrachte seine Kindheit abwechselnd in Coburg und Gotha, den beiden Residenzstädten des Doppelherzogtums, die seinerzeit ein reges Theaterleben hatten. Sehr wahrscheinlich ist, dass Albert eine Aufführung des Mundartstückes in Gotha gesehen hat. Ob allerdings auf der Bühne des heute als „Ekhoftheater“ bekannten alten Schlosstheaters oder der des 1840 neu eröffneten Herzoglichen Hoftheaters (ab 1918 Gothaer Landestheater), lässt sich nicht mehr klären, da beim Brand des Landestheaters in den letzten Kriegstagen 1945 auch dessen Archiv komplett verlorenging. Bislang ließ sich auch in keiner zeitgenössischen Zeitung die Ankündigung oder gar Besprechung einer öffentlichen Aufführung des Stückes finden. Möglicherweise wurde es seinerzeit nur wenige Male gespielt.

Prinz Albert von Sachsen-Coburg und Gotha brachte nicht nur die Tradition des Weihnachtsbaumes mit nach Großbritannien, sondern auch eine Abschrift des „Gebordsdaachsessens for Enne".

Oder vielleicht sogar nur ein einziges Mal exklusiv für Mitglieder des gothaischen Hofes?

Fest steht jedoch, dass Albert nach seiner Hochzeit mit Königin Victoria im Jahre 1844 nicht nur die Tradition des Weihnachtsbaumes aus seiner deutschen Heimat nach Großbritannien brachte, sondern auch eine Abschrift des „Gebordsdaachsessns for Enne“, das ihm sehr gefallen haben muss. Denn wie man dank der 1850 erschienenen Memoiren seines Privatsekretärs Sir George Anson weiß, las Albert – möglicherweise, um den Zuhörern eine Kostprobe des Humors aus seiner alten Heimat zu geben – bei mindestens einer Gelegenheit im Freundeskreis (sowie in Anwesenheit der ebenfalls ausgezeichnet Deutsch sprechenden Königin) daraus vor. „To the utmost delight of all listeners“, wie Anson sich erinnerte.

Unklar ist, ob der Autor Wylie das einst im Privatbesitz von Prinz Albert befindliche Exemplar des „Gebordsdaachsessens“ zufällig in einer Bibliothek oder Sammlung fand oder erst durch die Lektüre von Ansons Memoiren auf die Idee kam, danach zu suchen. Heute ist diese Abschrift weder in der British Library verzeichnet, noch in der Royal Collection oder den Royal Archives zu finden und muss wohl bis auf Weiteres als verschollen gelten.

Klar ist jedoch, dass Wylie das komische Potenzial des Sückes erkannte und es (mit einigen Textkürzungen) ins Englische übertrug. Mit Rücksicht auf das britische Königshaus, das seit dem Ersten Weltkrieg mit seiner deutschen

Verwandtschaft nichts mehr zu tun haben wollte (1917 hatte König George V. den auf Prinz Albert zurückgehenden Namen seines Hauses von Saxe-Coburg and Gotha in Windsor geändert) siedelte er seine Fassung jedoch in England an.

So wurde in seinem „Dinner for One" betitelten Sketch aus der thüringischen Gutsbesitzerin Sophie kurzerhand die englische Miss Sophie und aus ihrem Diener Johann („Hänser") der Butler James. Die deutschen Namen der imaginären Gäste änderte Wylie ebenfalls: Pfarrer Döring wurde zu Sir Toby, Amtmann von Heldburg zu Admiral von Schneider (warum Wylie ausgerechnet hier einen anderen typisch deutsch klingenden Namen wählte, ist unklar), Doktor Scharffenstein zu Mister Pommeroy und Direktor Salzmann zu Mister Winterbottom. Und aus dem Löwenfell, über das der beklagenswerte Diener unentwegt stolpert, machte Wylie kurzerhand ein Tigerfell.

Auch Essen und Getränke passte er englischen Gepflogenheiten an: Aus der bei Sophie aufgetischten Linsensuppe mit einem dazu gereichten „Gotano"-Wermut wurde bei ihm eine Mulligatawny-Suppe mit Sherry, Gera-Forelle und Saale-Unstrut-Wein ersetzte er durch Nordsee-Schellfisch und einen namenlosen Weißwein. Die mit einem dunklen Köstritzer Bier kredenzten Rouladen mit Klößen und Rotkraut wurden zu Hühnchen und Champagner und das abschließend von einem „Aromatique" begleitete Stück Pflaumenkuchen zum nicht näher bezeichneten Obst mit Portwein.

Das nach Entwürfen Karl-Friedrich Schinkels vom Architekten Gustav Eberhard erbaute Herzogliche Hoftheater (ab 1918 Gothaer Landestheater) wurde am 2. Januar 1840 eröffnet. Gut möglich, dass Prinz Albert hier eine Aufführung (möglicherweise sogar die Uraufführung?) des „Gebordsdaachsessens for Enne“ sah. Das Theater brannte am 3. April 1945, nur einen Tag

vor der Übergabe Gothas an die US-Streitkräfte, komplett aus, als neben ihm ein durch Fliegerbeschuss in Brand geratener Munitionswagen explodierte. Dabei gingen auch der Fundus und das Archiv des Theaters unwiederbringlich verloren. 1958 wurde die Ruine des klassizistischen Baus gegen den Willen der Gothaer abgerissen.

Nicht zuletzt machte Wylie aus dem ritualisierten, vor jeder Trinkrunde wiederkehrenden Frage-Antwort-Spiel „Alles genausu wie voors Jahr, Herzoochin Sophie?“ – „No! Alles gans genausu wie jedes Jahr, Hänser!“ die heute beinahe schon sprichwörtlichen Sätze „The same procedure as last year, Miss Sophie?“ – „The same procedure as every year, James!“

Der Rest ist Geschichte: In den späten 1940er-Jahren trat das „Dinner“ seinen Siegeszug über die englischen Varietèbühnen an und erfuhr ab 1954 in der Besetzung mit Freddie Frinton und May Warden seine Perfektion. 1963 zeichnete der NDR den vermeintlich typisch englischen Sketch für das Fernsehen auf, sendete ihn jedoch bis 1971 nur viermal – indes nie an Silvester. Was nicht weiter verwundert, denn auch Lauri Wylie hatte, der thüringischen Vorlage folgend, an kein bestimmtes Geburtstagsdatum Sophies gedacht, als er seine englische Fassung des „Gebordsdaachsessens“ verfasste.

Dass „Dinner for One“ heute dennoch untrennbar mit Silvester verbunden ist, ist dem NDR zu verdanken: 1972 strahlte er den Sketch (der wohl aufgrund der amüsanten Trinkszenen sowie des von James in Vertretung Mister Pommeroys mehrfach wiederholten Toasts „Happy New Year, Sophie gal!“ passend für den Jahreswechsel erschien) erstmals am Silvesterabend aus und begründete damit eine bis heute anhaltende Tradition.

Wann und unter welchen Umständen das Manuskript des „Gebordsdaachsessens for Enne“ im Archiv auf Schloss Friedenstein landete und warum es dort in Vergessenheit geriet, lässt sich nicht mehr nachvollziehen. Doch dank des überraschenden Manuskriptfundes können jetzt alle „Dinner“-Fans erstmals das gesamte Stück inklusive Hinweisen zu Kostümen, Bühnenbild und Darstellung lesen – und zwar in seiner rund 200 Jahre alten deutschen, mehr noch: thüringischen Originalfassung. Zum Vergleich ist dieser der Text von Laurie Wylies englischer Übertragung des Bühnenstückes nachgestellt.

Während der unbekannte Thüringer Autor des „Gebordsdaachsessens for Enne“ die Bühnenanweisungen auf Hochdeutsch verfasste, bediente er sich bei den Sprechtexten der Darsteller konsequent der zentralthüringischen Mundart. Also jenes Dialekts, der in etwa der Region zwischen Eisenach und Weimar, Ilmenau und Langensalza gesprochen wurde bzw. in Teilen bis heute gesprochen wird. Für Nicht-Mundartsprecher werden in dem beigefügten kleinen Glossar die wichtigsten Begriffe ins Hochdeutsche übersetzt.

Was die Namen der im Stück genannten Personen angeht (insbesondere die der vier nicht anwesenden Herren), so sind diese vom Autor wohl einfach als typisch thüringisch klingende Namen erdacht worden und lassen sich keinen realen Personen der damaligen Zeit zuordnen. Lediglich

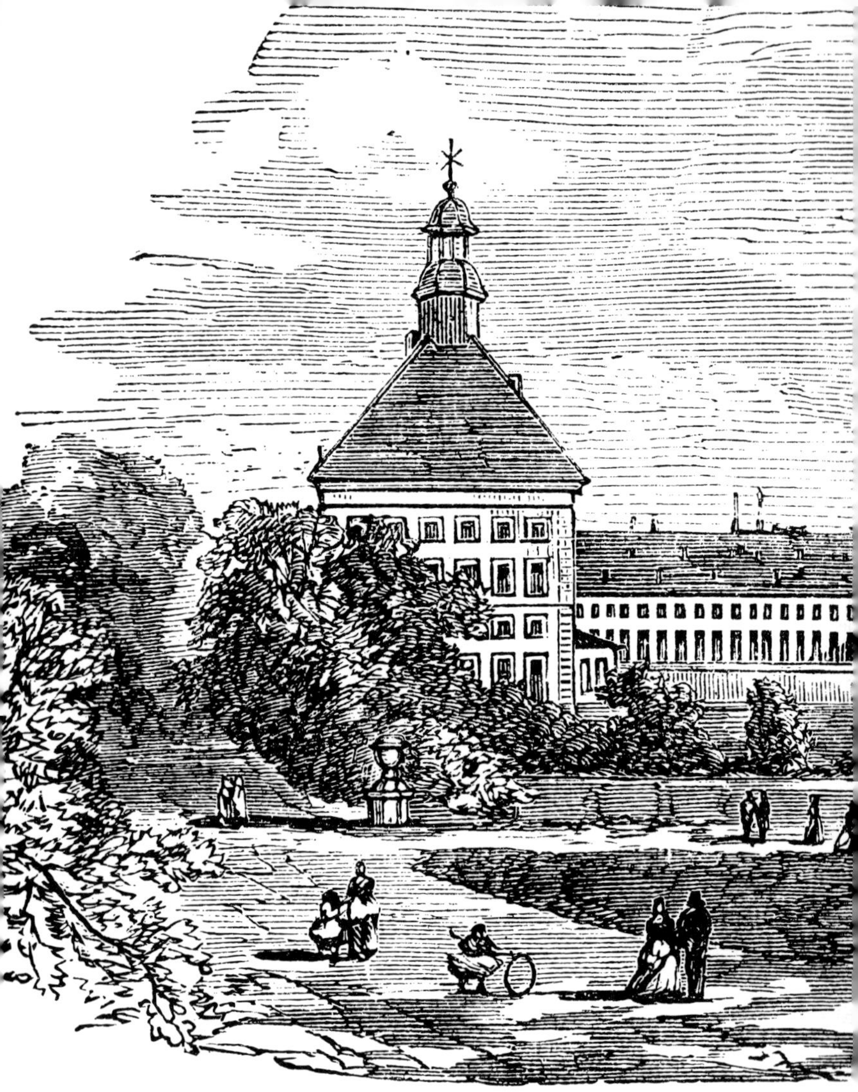

Das Gothaer Schloss Friedenstein, bis 1918 Residenz der Herzöge von Sachsen-Coburg und Gotha, beherbergt mit dem heute „Ekhoftheater" genannten alten Schlosstheater im Westturm (links) die älteste noch bespielbare Barockbühne der Welt. Möglicherweise erlebte Prinz Albert nicht im seinerzeit neuen Herzoglichen Hoftheater, sondern hier eine Aufführung

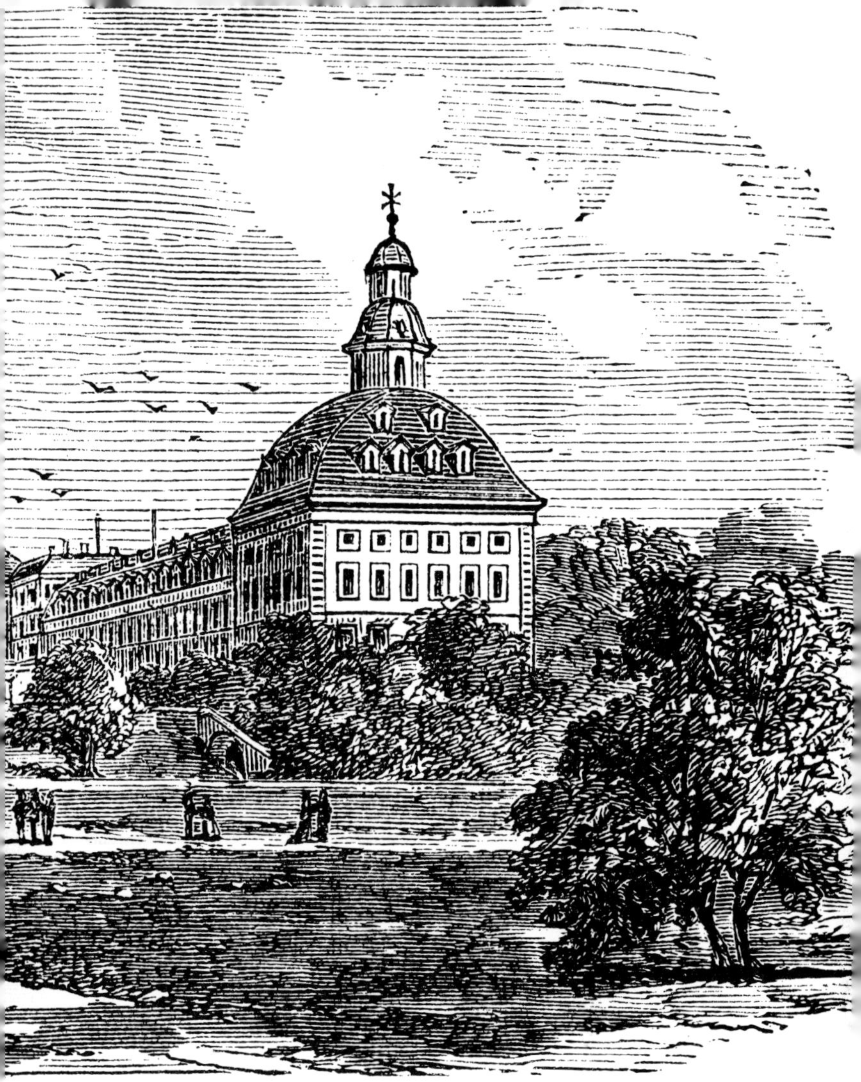

(vielleicht exklusiv für die Hofgesellschaft?) des „Gebordsdaachsessens for Enne". Im angrenzenden Westflügel des Schlosses befand sich über 350 Jahre lang das Geheime Archiv (ab 1840 Herzoglich Sächsisches Haus- und Staatsarchiv, seit 1923 Thüringisches Staatsarchiv), bei dessen Auszug 2014 sich überraschend das Manuskript des Bühnenstückes fand.

bei dem als „Direggder Salzmann“ angesprochenen Gast Fräulein Sophies könnte der Autor an den Pädagogen Christian Gotthilf Salzmann gedacht haben, der 1784 das renommierte „Philanthropin Schnepfenthal“ (heute Salzmannschule) begründete. Aber dies lässt sich nicht mit Sicherheit sagen.

Was sich jedoch mit Sicherheit sagen lässt: dass das bislang als Sketch mit echt englischem Humor geltende „Dinner for One“ eben keineswegs englisch, sondern ursprünglich echt thüringisch ist.

Und wenn das nicht die Wahrheit ist, so ist’s doch gut gelogen!

Andreas M. Cramer

Dinner off Düringisch

oder

Gebordsdaachsessn for Enne

Personen

Ansager
Gutsbesitzerin Fräulein Sophie
Diener Johann, genannt „Hänser“
Pfarrer Döring*
Amtmann von Heldburg*
Doktor Scharffenstein*
Direktor Salzmann*

* *längst verstorben, aber in Sophies Vorstellung lebendig wie eh und je*

Kostüme

Der Ansager ist mittleren Alters und trägt eine zweireihige, taillierte Frackjacke aus edlem schwarzem Stoff mit üppigem Reverskragen, ein weißes Hemd mit hohem Stehkragen und eine einreihige graue Weste. Das einfarbige Halstuch ist kunstvoll als Knoten gebunden. Die Beine stecken in enganliegenden Pantalons aus hellem Stoff, die Füße in eleganten schwarzen Lederschuhen.

Der Diener Hänser ist ein alter Herr mit lichtem weißem Haar. Er ist bekleidet mit einer altertümlichen dunkelgrünen Livree mit kurzen Schößen, goldenen Aufschlägen und Knöpfen, dunkler Weste, weißem Hemd mit hohem Stehkragen und weißen Handschuhen. Die Beine stecken in bis über die Knie gehenden schwarzen Hosen, hellen Strümpfen und schwarzen Lederschuhen mit Schnallen.

Fräulein Sophie ist eine alte Dame, gekleidet in ein einteiliges, hochgeschlossenes und bodenlanges Kleid aus glänzendem, schwarzem Satin mit vielen Rüschen und ausladendem Rock, dazu trägt sie ein passendes schwarzes

Schultertuch. Auf dem Kopf sitzt eine vielfach gefältelte Haube aus hellem Stoff. Als einzigen sichtbaren Schmuck trägt Sofie um den Hals eine lange silberne Kette mit einem Lorgnon.

Bühnenbild

Das großzügige Speisezimmer eines altehrwürdigen Thüringer Herrenhauses. Die Wände sind halbhoch mit dunkler Holzvertäfelung verkleidet. In die von großen, altertümlichen Porträts gezierte Rückwand ist mittig ein marmorner Portalkamin eingelassen, auf dem Nippes steht. Rechts des Kamins steht auf einem zierlichen Konsolentisch ein Essensgong.

Die linke Bühnenseite wird durch eine hohe, reich verzierte Kredenz mit Gläsern, Flaschen und Geschirr abgeschlossen, die rechte Bühnenseite durch eine Wand mit großer Doppelflügeltür, durch die die Auf- und Abgänge der Darsteller vollzogen werden.

In der Mitte des Raumes steht eine quer zum Publikum stehende lange Tafel, die bis auf die Teller bereits für fünf Personen festlich eingedeckt ist (silbernes Besteck und ebensolche Trinkbecher, Servietten usw.). Ein schwerer silberner Kerzenleuchter, eine altmodische Vase mit Blumen und eine volle Obstschüssel komplettieren die Ausstattung. Je zwei Stühle stehen an den beiden Längsseiten der Tafel, ein deutlich größerer Stuhl mit geschnitzten Armlehnen und hoher Rückenlehne steht an der rechten Stirnseite.

Über der Tafel hängt ein großer Messingkronleuchter mit Kerzen. Zwischen der Tafel und der Kredenz liegt ein Löwenfell, dessen ausgestopfter Schädel in Richtung der Kredenz blickt.

Spielanweisungen

Das Auftreten des Ansagers ist ausgesprochen vornehm und zurückhaltend. Er geht beim Vorstellen der Gäste des Essens, beginnend bei Sophie, im Uhrzeigersinn um die Tafel herum von einem Platz zum anderen.

Hänser bewegt sich mit einem leichten Hinken, seine Bewegungen wirken aufgrund seines fortgeschrittenen Alters stets ein wenig zittrig. Er stellt jeden der vier imaginären Gäste mit einer deutlich anderen Stimme dar. Beim Servieren, Einschenken und Trinken geht Hänser im Uhrzeigersinn um die Tafel. Nach jeder Runde Einschenken geht er von der Kredenz aus vor der Tafel entlang zum Platz des ersten Gastes links von Sophie, um mit der Trinkrunde zu beginnen.

Sophie hält sich trotz ihres sichtbar hohen Alters bemerkenswert aufrecht und würdevoll; alle ihre Handlungen weisen darauf hin, dass sie gewohnt ist, Anweisungen zu erteilen, die auch befolgt werden. Während des gesamten Essens nimmt sie von sämtlichen Missgeschicken ihres Dieners so gut wie keine Notiz und auch seine immer konfuser werdenden Trinksprüche würdevoll und als selbstverständlich hin.

Der Ansager tritt auf und nach vorn an den Bühnenrand, wo er sich verbeugt.

Prolog

Scheen' gudn Ahmd, minne Dam' un Herrn, varehrdes Bublikum!

Das is aer werglech scheen, dasse alle komm' konndn! Mer sen dahier offn Gudshof von Frollein Sofie. Dn Nachnam' vonner wollme aer liewer ma nech varrad, weil se is uss enner rechdch aaln un au bekanndn Düringer Famielche. Un der weers bestümmd nech rechd, wemme dn Nam' dahier dähdn gesaach. Desdarweechn lassmes ma liewer, ehr me nachnd noch erchndwelje Huddelein krichn.

Alsu, Frollein Sofie had nunne wie in jedn Jahr ze ihrn Geborsdaach e baar Gäsde zue anständchn Essn in de gude Stuhm von ihrn Herrnhuus inngeladn. Un zwar de vier besdn Freunde vonner, die se schonn ewich un trei Daache kennd. Lassn se mech alsu erschdema de Reihnfolche von den Blätzn am Düsch arkleer, dadermidd se üwarhaubd wissn, wer wo sitzn duhd.

Sofien ihr Blatz is nadürlech dahier gans ohm an dar Störnseidn, dadermid se au ümmer dn Üwerbligg had, was su bassiern duhd. Glei lingks nehm' ar braadschd dar digge Farrer Döring. Nehm dn Farrer sitzd dar zaggiche Amdmann von Heldburch. Direggd ihn geechnüwer hoggd wie ümmer Sofien ihr Arzd, dar aale Doggder Scharffmstein.

Fräulein Sophie

Un dar letzde in dar Runde – for Sofien aer dar allerliebsde Gasd von alln – is dar Schuldireggder Salzmann, den se glei rechds an ihrer krün' Seidn will hab.

Ach ja, ehr ech's vargess: S gibd da su enne klitzeklinne Schwierichkeid bie dar gansn Sachn. Ähm, wie soll ech's 'n nur gesaach?

Alsu: Frollein Sofie is gans eimfach nech mehr de Allerjüngsde, se feierd heude nehmich schonn ihrn Neunzschsdn. Su ald werd je eichndlech kinne Kuh, un desdarweechn sen de Freunde vonner au schonn längsd dod. Dn letzdn von dn viern, dn Doggder Scharffmstein, ham se schonn vor mehr wie fümm'zwannsch Jahrn offn aaln Goddsagger gedraachng.

Jeja, da kamme nüschd gemach, de Zied gehd ehmd hen, ge? Aer was Frollein Sofie anggehd, das machd der üwarhaubd nüschd uss, dasse alle dod sen. Weil, se will au an ihrn Neunzschsdn alles genausu hab wie de gansn Jahre darvor. Un weil je de vier Freunde vonner nunnema nech mehr könn' komm', weern se alle schonn seid Ewichkeidn von Sofie ihrn Diener Johann vardredn, zu den se aer ümmer nur „Hänser" saachd.

Neja, das middn Hänser als Vardreder von' Farrer, dn Amdmann, dn Doggder un' Direggder is de gansn Jahre üwer au ümmer gans gud gelaufm, un ech dengk, s werd au dies' Jahr widder gud geh. Erschdema is je dar Hänser nech nur e fischelandes Kerlchn, sondern s is je au eegalwech darselwe aale Gär, den ar Frollein Sofie zeliewe bein Essn muss arzehl.

Desdarweechn werd dar Hänser au ümmer widder s selwe gefraachd: „Alles genausu wie voors Jahr, Frollein Sofie?“ Un Sofie gibbdn nadürlech au ümmer widder de selwe Andword, nehmich: „No! Alles gans genausu wie jedes Jahr, Hänser!“ – wobei se „jedes Jahr“ nochema exdra bedon’ duhd. Alles annere, was die zweie su schwatzn, is nech wergleech wichdch, aer trotzdem gans lusdch.

Nunne han ech aer genuch gekneddschd un saach desdarweechn eimfach ema „viel Vargnüchn“ bein neunzschsdn Gebordsdaach von Frollein Sofie un ihrn „Gebordsdaachsessn for Enne“. Un dordhier kommd au schonn dar Hänser angedolderd!

Der Ansager weist beim letzten Satz mit einladender Geste auf den die Bühne betretenden Diener Hänser und geht nach einer Verbeugung ab. Hänser, in der erhobenen rechten Hand einen leeren Suppenteller tragend, geht zur Kredenz. Er stellt den Suppenteller ab und nimmt sich vier flache Teller, mit denen er sodann überaus gewissenhaft die für die Gäste vorgesehenen Plätze der Tafel eindeckt. Auf dem Weg zurück zur Kredenz stolpert er erstmals über den Schädel des Löwenfells. Er bückt sich zu diesem hinab, rückt die Pfoten des Fells etwas zurecht und streicht dann freundschaftlich mit der Hand über den Schädel.

Als sich Hänser wieder aufrichten will, verzieht er das Gesicht, gibt einen deutlich hörbaren Schmerzenslaut von sich und greift sich mit einer Hand ins Kreuz. Er verharrt so für einen kurzen Moment, bevor er sich mit einem kurzen Ruck aufrichtet und ein erleichtertes „Ahhh!" von sich gibt.

Er nimmt von der Kredenz eine große Schachtel Kaminhölzer, entzündet die Kerzen des Leuchters auf der Tafel und legt dann die Schachtel auf dem Konsolentisch neben dem Kamin ab. Er wirft einen letzten prüfenden Blick über die Tafel und macht plötzlich ein missmutiges Gesicht. Er geht zu dem für Doktor Scharffenstein vorgesehenen Platz, nimmt den dort liegenden Suppenlöffel in die Hand und besieht ihn aufmerksam. Dann schaut er sich verstohlen nach rechts und links um, haucht den Löffel an und poliert ihn rasch an der Innenseite seiner Livreejacke. Mit einem Grinsen legt er den Löffel zurück an seinen Platz, schaut noch einmal mit befriedigtem Gesichtsausdruck über die Tafel und schlägt sodann den Essensgong.

Er geht ein paar Schritte in Richtung des rechten Bühnenrands und bleibt dann, etwas dümmlich lächelnd, in Erwartung Sophies stehen. Als diese einen kurzen Moment später die Bühne betritt, macht Hänser ein erfreutes Gesicht und streckt ihr einladend den Arm entgegen.

Hänser: Ahh! Nahmd, Frollein Sofie, Nahmd! Komm' se nur nien, hier hinne isses buddlwarm.

Sophie nimmt hoheitsvoll Hänsers dargebotene Hand und schaut ihn erwartungsvoll an.

Fräulein Sophie: Nahmd, Hänser.

Hänser schaut Sophie bewundernd und erfreut an.

Hänser: Ar sehd heude Ahmd werglech gud uss, Frollein Sofie. Vor alln mid den scheen neu'n Umduhchn.

Sophie deutet würdevoll ein Nicken an und lächelt geschmeichelt.

Fräulein Sophie: Jeja, heude bin ech je au goddseidangk widder offn Damm, dangke Hänser.

Hänser geleitet Sophie zu ihrem Platz, wobei er mehr zu sich selbst spricht.

Hänser: Eimannfrei, eimannfrei.

Hänser rückt den Stuhl nach hinten und lässt Sophie an die Tafel treten, die sie sichtlich erfreut überblickt. Ihre Hände unterstreichen ihre folgenden Worte.

Fräulein Sophie: Alsu wenn ech mech dahier das so angegugg, muss ech schonn gesaach, dass das alles werglech rechdch gud ussiehd.

Hänser verbeugt sich.

Hänser: Dangkescheen, Frollein Sofie, dangke. Machngse sechs ruich kommod!

Hänser rückt der sich setzenden Sophie den Stuhl zurecht, stellt sich dann links neben sie und legt beide Hände wartend auf den Rücken, während sie ihre Kleider ordnet. Nachdem Sophie bequem sitzt, blickt sie fragend zu Hänser, der sich daraufhin leicht zu ihr neigt.

Fräulein Sophie: Sen 'enn au werglech alle da?

Hänser nickt eifrig und weist beflissen mit der Hand auf die Tafel.

Hänser: No, frielech! Wie jedes Jahr sen se alle ze euern Gebordsdaach gekomm', Frollein Sofie.

Hänser verbeugt sich erneut, während sich Sophie wiederum neugierig an ihn wendet.

Fräulein Sophie: Un sinn 'enn au alle fümf Blätze ordnlech inngedeggd?

Hänser versichert sie mit beruhigender Stimme.

Hänser: No! Alles inngedeggd wie ümmer! Ech han au exdra s gude Kahlaer middn Zwiewlmusder offgeleechd.

Hänser verbeugt sich wiederum. Sophie blickt ihn erwartungsvoll und freudig an.

Diener Häuser

Fräulein Sophie: Farrer Döring?

Hänser nickt, geht zum ersten Stuhl links neben Sophies Platz und berührt dessen Lehne mit beiden Händen. Er blickt Sophie an und spricht im Brustton der Überzeugung.

Hänser: Farrer Döring, jeja, der had sech dies' Jahr hierhen geflansd, Frollein Sofie.

Hänser verbeugt sich, was Sophie mit einem leichten Nicken und einem befriedigenden Lächeln quittiert. Dann blickt sie Hänser an und spricht laut und bestimmt, mehr fordernd als fragend, beinahe zackig.

Fräulein Sophie: Amdmann von Heldburch?

Hänser geht zum zweiten Stuhl, legt beide Hände auf dessen Lehne, blickt in Richtung Sophies und verbeugt sich.

Hänser: Amdmann von Heldburch kloßd dahier, Frollein Sofie.

Sophie weist mit der Hand in Richtung des dritten Stuhles und spricht in fragendem Ton.

Fräulein Sophie: Doggder Scharffmstein?

Hänser geht um die Schmalseite der Tafel herum und weist dabei mit der Hand auf den dritten Stuhl, bevor er sie auf dessen Lehne legt und sich verbeugt.

Hänser: Dn Doggder Scharffmstein han ech glei hier an de Eggn gesetzd for euch.

Sophie faltet ihre Hände vor der Brust, lächelt und spricht mit überaus freundlicher, weicher Stimme.

Fräulein Sophie: Un minn liewer aaler Freund, Direggder Salzmann?

Hänser nickt bestätigend und geht weiter zum vierten Stuhl. Als er diesen erreicht hat, verbeugt er sich erneut und legt dann beide Hände auf die Stuhllehne.

Hänser: Na, der braadschd glei rechts nehm ihn', Frollein Sofie, gans wie ars ham wollded!

Sophie nickt beifällig und freut sich sichtlich.

Fräulein Sophie: Dangke, Hänser. Genau su un nech annerschder han ech mech das vorgestelld. Dann wollme aer au gleiema anggefang, ge?!

Hänser verbeugt sich und geht hinter ihrem Stuhl entlang, beide Arme etwas seltsam und gekünstelt vom Körper abgespreizt. Links neben Sophies Platz bleibt er in Erwartung der nächsten Anweisungen stehen. Sophie überlegt einen Moment und spricht dann mit entschiedener Stimme.

Fräulein Sophie: Ech dähd saachng, se könn' als erschdes de Subbm offgeschöbbf. Aer varschabbern se nech widder de Hälfdn dadervon!

Hänser verbeugt sich.

Hänser: De Subbm, dangkescheen, Frollein Sofie, dangke.

Hänser geht in Richtung Kredenz und murmelt währenddessen halblaut vor sich hin.

Hänser: Alle han se schonn off euch geward'.

Hänser stolpert heftig über den Schädel des Löwenfells und bewahrt mit rudernden Armen gerade so das Gleichgewicht, bevor er sich mit beiden Händen an der Kredenz festhalten kann. Er dreht sich zum Fell um, blickt es verärgert an und schimpft einen Moment lang sichtbar, aber lautlos darauf, bevor er sich wieder der Kredenz zuwendet. Er nimmt eine Kelle und schöpft mit großer Geste aus einer Terrine Suppe auf einen Teller und bringt diesen zu Sophie. Rechts neben ihrem Platz bleibt er stehen und weist mit der freien Hand einladend auf den Teller.

Hänser: Dahier is enne klinne Kelln von dar Linsnsubbm for euch, Frollein Sofie.

Sophie deutet ein Nicken an, woraufhin Hänser mit einer leichten Verbeugung den Teller vor ihr auf die Tafel stellt. Sophie schaut auf den Teller und ist sichtlich erfreut.

Fräulein Sophie: Das is minne Lieblingssubbm, Hänser!

Hänser geht um Sofies Stuhl herum und spricht dabei halblaut und mehr zu sich selbst.

Hänser: Jeja, das wiss ech doch. Das wiss ech doch.

Als Hänser in Erwartung der nächsten Anweisung neben Sofies Platz steht, blickt sie ihn an und spricht sehr entschieden.

Fräulein Sophie: Ech dengk, mer dringkn e Godano zur Subbm.

Während sich Sophie der Suppe zuwendet und ihren Löffel in die Hand nimmt, verbeugt sich Hänser und spricht wiederum mehr zu sich selbst.

Hänser: E Godano zur Subbm, jeja …

Hänser geht einen Schritt in Richtung Kredenz, hält plötzlich mitten in der Bewegung inne und geht wieder einen Schritt zurück. Er neigt den Oberkörper leicht zu Fräulein Sophie, die den bereits zum Mund geführten Löffel wieder absetzt und Hänser anschaut. Dieser spricht in einem sehr fragenden Tonfall.

Hänser: Ach, übrichns: Alles genausu wie voors Jahr, Frollein Sofie?

Sophie lächelt und antwortet mit ebensoviel Selbstverständlichkeit wie Nachdruck.

Fräulein Sophie: No! Alles gans genausu wie jedes Jahr, Hänser!

Sophie wendet sich wieder ihrer Suppe zu und beginnt zu essen, ohne Hänser weiter zu beachten. Dieser verbeugt sich und geht zur Kredenz, dabei halblaut zu sich selbst sprechend.

Hänser: Alles gans genausu wie jedes Jahr, Hänser! Eimannfrei, eimannfrei ...

Hänser stolpert über den Schädel des Löwenfells, rudert heftig mit den Armen und fängt sich erst an der Kredenz wieder, an der er sich kurz festhält. Er greift nach der Flasche Gotano, blickt empört auf das Fell und nickt diesem drohend zu, bevor er sich wieder der Flasche zuwendet. Da seine Augen schon schwach sind, hält er sie mit beiden Händen schräg ins Licht und geht mit dem Gesicht nah heran, um das Etikett zu studieren. Sophie blickt in diesem Moment von ihrer Suppe auf und fragt mit ebenso viel Interesse wie Bestimmtheit.

Fräulein Sophie: Issän das au e droggner Godano, Hänser?

Hänser blickt vom Etikett auf und wendet sich zu Sophie. Er nickt bestätigend und antwortet, während er in Richtung ihres Platzes geht.

Hänser: Jeja, e gans e droggner Godano, Frollein Sofie. Forzdroggn sozesaachng.

Hänser dreht während des Gehens den Verschluss der Flasche auf. An Sophies Platz angekommen, legt er die linke Hand auf den Rücken und schenkt mit der rechten formvollendet den Becher ein, während er spricht.

Hänser: Krad erschd letzde Wochng direggd uss Gohde gekomm', Frollein Sofie.

Hänser geht, die linke Hand auf den Rücken gelegt lassend, hinter Sophies Stuhl herum zum Platz von Pfarrer Döring und schenkt dessen Becher ein. Er geht einen Schritt weiter, hält jedoch mitten in der Bewegung inne und geht zurück, um mit dem imaginären Gast zu reden.

Hänser: Schuldchung, Herr Farrer, schuldchung! Se wolldn e Dobbldn, ge?! Ach, ech wiss je: Krangke frächd mer, Gesundn schengkd mer inn. Wohl bekomms!

Hänser schenkt den Becher noch etwas voller, verbeugt sich und geht dann weiter zum nächsten Platz. Sorgfältig schenkt er nacheinander die Becher der anderen „Gäste" ein und geht zurück zur Kredenz. Beschäftigt mit dem

Verschließen der Flasche, stolpert er über den Schädel des Löwenfells und kann sich mit einer Hand gerade noch an der Kredenz abfangen. Er stellt die Gotano-Flasche zurück an ihren Platz, schaut verärgert auf das Fell und schimpft lautlos darauf, während er zurück zur Tafel geht. Als er am Platz von Pfarrer Döring angekommen ist, legt Sophie den Löffel beiseite, erhebt ihren Becher und spricht mit fröhlicher, aber fordernder Stimme.

Fräulein Sophie: Farrer Döring!

Hänser greift mit der rechten Hand nach dem Becher, hält ihn mit angewinkeltem Arm etwa auf Kopfhöhe und wendet sich Sophie zu, der er mit lauter, rauher und etwas versoffen klingender Stimme zuprostet.

Hänser: Prosd, Frollein Sofie!

Sophie nippt nur ein wenig an ihrem Becher, während Hänser seinen komplett austrinkt. Er stellt ihn ab und geht weiter zum Platz von Amtmann von Heldburg. Sophie blickt, den Becher in der erhobenen Hand, zu Hänser und fordert ihn mit forscher Stimme zum Toast auf.

Fräulein Sophie: Amdmann von Heldburch!

Hänser deutet eine Verbeugung an und spricht mit unsicherer, zögerlicher Stimme.

Essn
Vorspeise
enne Linsnsubbm nache gans
e aaln Famielchnrezebbd
Zwüschngang
enne klinne Foreolln uss dar
~~Werra~~ Gera
Haubdgang
~~enne Bradworschd mid~~
~~Born-Semf~~
enne Roladn mit Klößn
un Rodkraud
Nachdüsch
e klinnes Stügg dreischnasser
Flaum'kuchng

Dringkn
Vorspeise
e forzdroggner „Godano“
Zwüschngang
„Doskanaderme droggn“
(e wisses Saale-Unschdrud-Weinchn uss Bad Sulze)
Haubdgang
e dobbfrahmschwarzes „Kösdritzer“
Nachdüsch
~~e Nordhisser Dobblkorn~~
e anständcher Arromadick

Hänser: Ähm … Muss ech's 'n dies' Jahr gesaach, Frollein Sofie?

Sophie, die weiterhin ihren Becher erhoben hält, neigt ihren Kopf leicht und spricht ebenso bittend wie fordernd.

Fräulein Sophie: Na awer! Wo ech mech doch krad daderdroffn wie närrsch gefreud han! Mech zeliewe, Hänser!

Hänser verbeugt sich tief und spricht mit einiger Resignation in der Stimme.

Hänser: Nur euch zeliewe. Eimannfrei, jeja …

Hänser verbeugt sich erneut, legt die linke Hand wie beim Militär an die Hosennaht und nimmt mit der rechten den Becher, um diesen auf Kopfhöhe zu erheben. Er drückt die Brust heraus und knallt hörbar die Hacken zusammen, während er laut und zackig prostet.

Hänser: Hoch de Dassn!

Unmittelbar nach dem Hackenknallen hüpft Hänser, der sich bei dieser Aktion den Knöchel wehgetan hat, mit schmerzverzerrtem Gesicht und dem Becher in der Hand ein paarmal auf einem Bein, wobei er sich halb um die eigene Achse dreht. Als der Schmerz nachlässt, tritt er wieder an die Tafel, prostet Sophie stumm zu und trinkt den Becher komplett aus, während sie an ihrem lediglich nippt. Hänser geht um die Schmalseite der Tafel herum zum Platz von Doktor Scharffenstein und greift nach dessen Becher. Sophie hält ihren Becher mit ausgestrecktem Arm hoch erhoben und spricht in einem aufmunternden Tonfall.

Fräulein Sophie: Doggder Scharffmstein!

Hänser erhebt den Becher und prostet damit in Richtung Sophies, wobei er ein überfreundliches Gesicht macht und mit sehr hoher, dünner Stimme spricht.

Hänser: Herzlechn Klückwunsch zum Gebordsdaach, Frollein Sofie!

Während Sophie wiederum nur an ihrem Becher nippt, trinkt Hänser seinen gewissenhaft aus, stellt ihn wieder auf die Tafel und geht weiter zum nächsten Platz. Sophie hat ihren Becher erhoben, blickt lächelnd zu Hänser und spricht mit weicher Stimme, die deutlich macht, wie außerordentlich sie der erwartete Toast freut.

Fräulein Sophie: Un mein liewer Direggder Salzmann!

Hänser greift mit der rechten Hand nach dem Becher, während er sich mit der linken auf der Tafel abstützt. Er stößt erstmals mit Sophie direkt an, wobei er mit sehr tiefer Stimme zu sprechen beginnt.

Hänser: Su jung wie hüüd komme nie widder zesamm', minne Liewe!

Sophie nippt an ihrem Becher, stellt ihn zurück auf die Tafel und tupft sich mit ihrer Serviette den Mund ab. Hänser trinkt gewissenhaft seinen Becher aus, setzt ihn ab und geht hinter Sophies Stuhl herum, um dann links neben ihr in wartender Pose zu verharren. Sophie wendet den Kopf leicht in seine Richtung und ordnet an.

Fräulein Sophie: Jetze könnse dn Füsch bringn, Hänser!

Hänser verbeugt sich.

Hänser: Dn Füsch? Eimannfrei, Frollein Sofie.

Hänser nimmt Sophies leeren Suppenteller von der Tafel und macht ein fragendes Gesicht.

Hänser: Haddn euch de Subbm au geschmeggd?

Sophie spricht mit hörbarer Freude in der Stimme.

Fräulein Sophie: Se hädd üwarhaubd nech besser konnd gesie, Hänser.

Hänser verbeugt sich dankend.

Hänser: Dangkescheen, Frollein Sofie, das freud mech wergleech, dasse euch geschmeggd had.

Hänser geht zur Kredenz und spricht während des Laufens laut, aber mehr zu sich selbst.

Pfarrer Döring

Hänser: S is nehmich e gans e aales Famielchnrezebbd.

Hänser stolpert über den Schädel des Löwenfells, taumelt dieses Mal aber nicht allzu stark und stellt den Suppenteller auf der Kredenz ab, ohne das Fell weiter zu beachten. Er nimmt sofort die silberne Servierplatte mit dem Fisch und geht in Richtung von Sophies Platz. An der Tafel angekommen, hält er jedoch kurz inne, dreht sich zum Fell um und schimpft sichtbar, aber lautlos darauf, bevor er weitergeht. Er macht ein freudiges Gesicht, als er Sophie die Platte vorsetzt.

Hänser: Enne klinne Forelln for euch, Frollein Sofie. Krad erschd heude morchn gans früsch henger Ärford uss dar Gera gefüschd.

Sophie nickt dankend und überlegt kurz. Hänser geht gerade hinter ihrem Stuhl herum, als sie mit entschiedener Stimme spricht.

Fräulein Sophie: Ech dengk, mer nehm' e wissn Wein zum Füsch.

Hänser, inzwischen wieder links neben Sophies Platz angelangt, beugt den Kopf leicht und fragt mit leichtem Erstaunen.

Hänser: E wissn Wein zum Füsch?

Hänser legt den Kopf in den Nacken und blickt einen Moment überlegend und mit halb zugekniffenen Augen an die Decke, bevor er sich wieder Sophie zuwendet und voller Eifer spricht.

Hänser: Da kennd ech euch e fruchdches Saale-Unschdrud-Weinchn uss Sulze emfehl: „Doskanaderme droggn". Den han ech neulech erschd ungne im Keller endeggd un au gleiema browierd, obbe au nonnech suer gewordn is. Enne Flaschn hamme noch da, aer ech wiss nech …

Sophie unterbricht Hänser ungeduldig.

Fräulein Sophie: Hänser, jetz heern se schonn off, su ewich romzegärn un bringn se endlech de Flaschn!

Hänser nickt.

Hänser: Gud, gud.

Hänser macht einen Schritt in Richtung Kredenz, hält dann aber mitten in der Bewegung inne und geht wieder einen Schritt zurück. Er neigt den Oberkörper leicht zu Sophie, die bereits begonnen hat, mit ihrem Besteck den Fisch zu zerteilen, und spricht mit einigem Zweifel in der Stimme.

Hänser: Alles genausu wie voors Jahr, Frollein Sofie?

Sophie hält inne, lächelt Hänser zu und antwortet mit ebensoviel Selbstverständlichkeit wie Nachdruck.

Fräulein Sophie: No! Alles gans genausu wie jedes Jahr, Hänser!

Hänser verbeugt sich, blickt erst zu Sophie und dann von ihr weg, atmet tief durch und spricht mit resignierter, ergebener Stimme.

Hänser: Von mir uss!

Hänser stolpert auf dem Weg zur Kredenz nur leicht über das Löwenfell, beachtet dies aber nicht weiter und greift nach der Weinflasche. Er beugt sich tief hinunter zu der in beiden Händen gehaltenen Flasche und geht, während er umständlich deren Etikett studiert, in gebückter Haltung ein paar kleine Schritte in Richtung des Löwenfells, wo er direkt vor dessen Schädel stehenbleibt. Er richtet sich auf und will gerade in Richtung der Tafel gehen, als er im letzten Moment den Schädel bemerkt, ihn mit einem auffälligen Bogen umgeht und ihm dabei einen bösen Blick zuwirft.
Während des Gehens entkorkt Hänser die Weinflasche und füllt dann wie gehabt zunächst Sophies Becher, bevor er weitergeht zu den Plätzen der vier Gäste. Nachdem er Pfarrer Dörings Becher eingeschenkt hat, geht er einen Schritt weiter, hält jedoch mitten in der Bewegung inne und geht wieder einen Schritt zurück. Er spricht lautlos, aber deutlich sichtbar mit dem imaginären Gast, wobei

er mit der linken Hand einladend auf die Flasche weist. Dann verbeugt er sich dankend, schenkt noch etwas nach und macht eine erneute Verbeugung, bevor er weitergeht, um auch die restlichen Becher sorgfältig zu füllen.

Als er die Runde vollendet hat und hinter Sophies Platz herumgeht, atmet Hänser hörbar ein und bläst kurz die Backen auf, bevor er ebenso hörbar wieder ausatmet, so als ob er bereits um Atem ringen müsste. Zur Kredenz gehend, treibt Hänser mit einem schwungvollen, deutlich sichtbaren Schlag der flachen Hand den Korken wieder in den Hals der Flasche und geht geradewegs am Schädel des Löwen vorbei. Erst an der Kredenz wird er sich dieser Tatsache bewusst, hält kurz inne und dreht sich erstaunt um.

Hänser blickt zunächst ungläubig auf das Löwenfell, dann auf Sophie. Er zieht die Augenbrauen hoch, schüttelt den Kopf und stellt die Weinflasche auf die Kredenz, bevor er in Richtung des Platzes von Pfarrer Döring geht, die Augen fest auf Sophie gerichtet. Genau deshalb stolpert er nach nur zwei Schritten schwer über den Schädel des Löwenfells, kippt mit dem Oberkörper weit vornüber und rudert im schwungvollen Vorwärtsstolpern heftig mit beiden Armen, um einen Sturz zu verhindern. Gerade noch so kann er sich an der Lehne des Stuhls von Amtmann von Heldburg mit einer Hand festhalten, wobei er jedoch den Stuhl beinahe umreißt.

Hänser stellt den Stuhl wieder akkurat an die Tafel und geht weiter zum Platz von Pfarrer Döring. Dort dreht er sich noch einmal nach dem Fell um, winkt mit einer wegwerfenden Geste ab und greift dann nach dem Becher.

Sophie, die bereits bei Hänsers Näherkommen ihr Besteck beiseitegelegt hat, erhebt ihren Becher zum Toast.

Fräulein Sophie: Farrer Döring!

Hänser prostet ihr mit lauter, rauher und etwas versoffen klingender Stimme zu.

Hänser: Prosd, Sofie, minne klinne Eisheilche!

Sophie nippt nur ein wenig an ihrem Becher, während Hänser seinen komplett austrinkt. Er stellt ihn ab und taumelt nach links zum Platz von Amtmann von Heldburg, wo er schwankend stehenbleibt und sich mit einer Hand auf der Stuhllehne abstützt. Sophie hat erneut ihren Becher erhoben, blickt Hänser an und spricht mit forscher Stimme.

Fräulein Sophie: Amdmann von Heldburch!

Hänser blickt Sophie flehentlich an und spricht mit langgezogener, weinerlicher Stimme.

Hänser: Orrr nääá, muss ech'n wergleсh, Frollein Sofie?

Sophie blickt Hänser über ihren Becher hinweg eindringlich an und spricht mit Nachdruck, der keinen Widerspruch zulässt.

Fräulein Sophie: Hänser! Jetz machng se mech dahier ema kinne Sperenzchn!

Hänser spreizt die Arme seitlich nach hinten vom Körper weg und macht eine tiefe, komische Verbeugung. Dann zuckt er gottergeben mit den Schultern und greift nach dem Becher.

Hänser: Ech han zwar werglech kinne Fiduzn derzu, aer jetze isses eh schonn eegal.

Er wendet sich zu Sophie, nimmt Haltung an und reißt den Becher mit Schwung hoch über den Kopf. Zugleich mit dem lauten, zackigen Toast knallt er hörbar die Hacken zusammen.

Hänser: Hoch de Dassn!

Hänser setzt sofort den Becher ab und dreht sich auf dem rechten Bein hüpfend halb um seine eigene Achse, wobei sein Gesicht schmerzverzerrt ist und deutlich wird, dass er sich nur mühsam zurückhalten kann, gleich loszuschreien. Noch immer hüpfend, greift er mit der Hand nach seinem linken Knöchel und hält diesen einen Moment lang fest. Nachdem er wieder auf beiden Beinen steht, dreht er sich zur Tafel, greift sich den Becher und prostet damit Sophie noch einmal stumm zu.

Während Hänser trinkt, reibt er den linken Knöchel am rechten Bein, um den Schmerz zu lindern. Nachdem er ausgetrunken hat, setzt er den Becher ab und taumelt weiter zum nächsten Platz. An der Schmalseite der Tafel bekommt er jedoch „Schlagseite" nach links und torkelt mit abgespreizten Armen ein gutes Stück von der Tafel weg. Er fängt sich mit einiger Mühe wieder und geht schließlich zum Platz von Doktor Scharffenstein, wo er zuerst unsicher mit einer Hand die Tischkante sucht, um sich daran festzuhalten. Dabei wirft er einen seltsamen Blick nach dem Löwenfell, als ob dieses etwas für seinen Zustand könnte.
Sophie hält ihren Becher mit ausgestrecktem Arm hoch erhoben, ihr Tonfall ist aufmunternd und fragend zugleich.

Fräulein Sophie: Doggder Scharffmstein?!

Hänser hält sich mit einer Hand an der Stuhllehne fest und greift mit der anderen nach dem Becher. Er erhebt ihn und prostet Sophie mit sehr hoher, dünner Stimme zu.

Hänser: Herzlechn Klückwunsch zum Gebordsdaach, Sofiechn!

Hänser trinkt gewissenhaft und mit abgespreiztem kleinem Finger. Er setzt den Becher ab und schaut einen Moment lang seltsam entrückt ins Publikum, wobei er sich mit einer Hand auf die Tafel stützt. Er atmet schwer und bläht die Backen auf, um ein Rülpsen zurückzuhalten. Er atmet hörbar aus und klopft sich dabei erleichtert mit der geballten Faust vor die Brust, wobei er breit in Richtung Sophie grinst, während er zum nächsten Platz geht. Sophie, die wie gewohnt nur an ihrem Becher genippt hat, hat diesen bereits wieder erhoben und fordert Hänser zum Toast auf.

Fräulein Sophie: Direggder Salzmann!

Hänser nimmt den Becher, stößt mit Sophie an und beginnt mit sehr tiefer, rührseliger Stimme zu sprechen.

Hänser: Neunzsch Jahre! Un ar sehd au werglech kinn' ennzchn Daach älder uss, minne Liewe!

Hänser führt den Becher zum Mund, um zu trinken, lässt ihn aber sofort wieder sinken, schaut Sophie an und wiederholt einen Teil des Satzes.

Hänser: Kinn' ennzchn Daach älder!

Hänser setzt den Becher erneut an die Lippen, lässt ihn jedoch wiederum sinken und beginnt meckernd zu lachen.

Hänser: Hehehehehe …

Hänser hält mitten im Lachen inne, schaut Sophie für einen Moment seltsam ernst an und führt dann den

Amtmann v. Heldburg

Becher zum Mund. Als er zu trinken beginnt, nippt auch Sophie an ihrem Becher. Hänser setzt den Becher ab und geht hinter Sophie herum, die sich gerade mit der Serviette den Mund abtupft.
Direkt hinter dem Stuhl angekommen, bleibt Hänser schwankend stehen und greift mit der rechten Hand nach der Lehne, um sich daran festzuhalten. Er atmet tief ein, reißt die Augen auf und schüttelt sich, um wieder einen klaren Kopf zu bekommen. Dann läuft er mit Schwung los, wobei er sich noch für einen kurzen Moment an der Lehne des Stuhles festhält, der dadurch einen kleinen Ruck nach hinten bekommt, aber nicht kippt. Sophie greift während dieses Rucks erschreckt mit beiden Händen nach den Armlehnen ihres Stuhles, um sich festzuhalten. Als Hänser links neben ihrem Platz steht und nach der Platte mit den Resten des Fisches greift, schaut Sophie ihn für einen Moment prüfend an und beginnt dann zu sprechen.

Fräulein Sophie: Hänser, bidde bringn se jetze de Roladn mit Klößn un Rodkraud!

Hänser taumelt, eine Verbeugung andeutend, einen Schritt nach hinten und nuschelt.

Hänser: Na gud!

Hänser läuft mit Schwung in Richtung der Kredenz los, bremst nach wenig Schritten etwas ab und beschleunigt wieder, bevor er über den Schädel des Löwenfells stolpert. Er fängt sich wieder an der Kredenz, wo er die Platte absetzt und den Teller mit der Roulade und den Klößen nimmt, um ihn Sophie zu bringen. Sophie schaut erwartungsvoll durch ihr Lorgnon, als Hänser herankommt, und spricht mit erfreuter Stimme.

Fräulein Sophie: Na, das siehd doch aer ma nach werglech anständchn Klößn uss!

Hänser setzt den Teller vor Sophie auf die Tafel und beginnt zu nuscheln.

Hänser: Jeja, das sen de besdn Düringer Klabbse, ähh … Klobbse … näää, Klöße, dieme üwarhaubd kann krich. Fasd noch besser wie de Hüdes im Schlundhaus in Meeninge, das kann ech euch gesaach. Haldn se sech nur darzu, ehr se alle sen.

Sophie betrachtet das Essen interessiert durch ihr Lorgnon und dreht sich dann zu Hänser, der inzwischen wieder links neben ihren Stuhl getreten ist und, in Erwartung der nächsten Anweisung, schwankend stehenbleibt. Sophie überlegt für einen Moment und verkündet dann mit Entschiedenheit ihre Wahl.

Fräulein Sophie: Ech dengk, mer nehm' e schwarzes Kösdritzer zur Roladn!

Hänser hält sich mit einer Hand am Stuhl des Pfarrers fest, wobei er mit aufgerissenen, schon etwas glasigen Augen ins Leere schaut und dann spricht.

Hänser: E schwarzes Kösdritzer, jeja. Dobbfrahmschwarz wie de Nachd.

Hänser holt tief Luft und nuschelt sehr stark, als er zu sprechen beginnt.

Hänser: Eis nausu wie vorsahr, Frollein Sofie?

Sophie antwortet mit unerschütterlicher Selbstverständlichkeit und Nachdruck, wobei sie die einzelnen Worte deutlich betont.

Fräulein Sophie: No! Alles gans genausu wie jedes Jahr, Hänser!

Während sich Sophie ihrem Essen zuwendet, nickt Hänser stumm und verbeugt sich tief mit ausgebreiteten Armen, wobei er einen Schritt nach hinten tritt und fast das Gleichgewicht verliert. Dann torkelt er los in Richtung Kredenz, während er halblaut zu sich selbst spricht.

Hänser: Eegalwech dar selwe aale Gär!

Hänser stolpert im vollen Lauf über den Schädel des Löwenfells, bleibt davon aber völlig unbeeindruckt und greift sich noch im Schwung des Laufens die Bierflasche auf der Kredenz, um sodann taumelnd eine kleine Runde um den Löwenschädel zu drehen. Nachdem er sich wieder gefangen hat, geht er in Richtung der Tafel, dabei im Laufen den Verschluss der Flasche mit einem lauten „Plopp" öffnend.

Nachdem Hänser der bereits mit ihrem Essen beschäftigten Sophie eingeschenkt hat, geht er hinter ihrem Stuhl herum, wobei er heftig Schlagseite bekommt und deutlich zum rechten Bühnenrand taumelt. Er fängt sich jedoch wieder und nimmt einen komischen Anlauf mit schnellen Trippelschritten, um zum Platz von Pfarrer Döring zu gelangen, bei dem er abrupt stehenbleibt. Er gießt dessen Becher voll und geht dann einen Schritt weiter. Wie stets hält er jedoch mitten in der Bewegung inne und geht einen Schritt zurück. Hänser spricht lautlos, aber deutlich sichtbar mit dem imaginären Gast, wobei er unbeabsichtigt die Flasche so weit kippt, dass das Bier daraus auf den Teller von Pfarrer Döring fließt.

Als Hänser das Malheur bemerkt, verbeugt er sich entschuldigend, nimmt den Teller und schüttet das Bier von sehr hoch oben in den Becher zurück. Er verbeugt sich erneut, wobei er leicht in den Knien einknickt, und geht dann weiter. Die Becher von Heldburg, Scharffenstein und Salzmann werden lediglich im Vorbeigehen eingeschenkt, ohne dass Hänser auch nur stehenbleibt oder gar darauf achtet, dass das Getränk überhaupt in die Becher gelangt, weshalb ein Gutteil davon auf der Tischdecke landet.

Auf dem Weg zurück zur Kredenz legt Hänser Zeige- und Mittelfinger der linken Hand auf die Flaschenöffnung, kippt die Flasche und benetzt sich die Finger, um dann mit ihnen umständlich den Hals hinter den Ohrläppchen zu betupfen, als habe er Parfüm zum Erfrischen. Am Schädel des Löwenfells angekommen, macht er – ohne

den Kopf überhaupt zu beachten – unerwartet einen großen, gemessenen Schritt über diesen hinweg, stellt die Bierflasche grinsend zurück auf die Kredenz und torkelt zum Platz von Pfarrer Döring, wo ihn Sophie bereits mit erhobenem Becher erwartet.
Hänser greift sich schwungvoll den Becher und noch ehe ihn Sophie zum Toast auffordern kann, ruft er ihr bereits mit lauter, rauher und etwas versoffen klingender Stimme zu.

Hänser: Flanse nie vor dar iesekaaln Sofie!

Nachdem beide getrunken haben, setzt Hänser den Becher ab, torkelt weiter zum nächsten Platz. Noch ehe er dort angekommen ist, fordert ihn Sophie mit erhobenem Becher und forscher Stimme zum Toast auf.

Fräulein Sophie: Amdmann von Heldburch!

Hänser hält sich taumelnd am Stuhl des Amtmanns fest, bevor er sich Sophie zuwendet. Beide Hände auf den Rücken gelegt, deutet er eine unsichere Verbeugung an und spricht in einem langgezogenen, weinerlichen Tonfall.

Hänser: Kann echs 'n nech wehnsdns dies' enne ma wechgelass, Frollein Sofie?

Sophie blickt Hänser streng an und antwortet ihm mit einem ermahnenden Unterton, der keinen Widerspruch duldet.

Fräulein Sophie: Hänser! Jetz is aer endlech ema Schluss middn Fissemadendn!

Hänser verbeugt sich umständlich tief mit abgespreizten Armen, wobei er einen Schritt von der Tafel zurücktaumelt. Er richtet sich wieder auf, tritt nach vorn zum Platz und greift sich den Becher. Er nimmt Haltung an, reißt den Becher nach oben und ruft laut und zackig.

Hänser: Hoch de Dassn!

Hänser versucht die Hacken zusammenzuknallen, holt jedoch mit dem linken Bein so viel Schwung, dass er es hinter dem rechten vorbeischleudert und sich auf diesem halb um die eigene Achse dreht. Er taumelt ein paar Schritte rückwärts, um sich wieder zu fangen und zieht dabei mit der linken Hand halb die Jacke seiner Livree aus, als wolle er sich für eine Prügelei bereit machen. Sein Gesichtsausdruck spiegelt gleichermaßen Ärger wie Entschlossenheit. Sophie beobachtet die Szene mit einem kurzen und skeptischen Blick durch ihr Lorgnon.
Hänser, der keinen „Gegner“ sieht, zieht seine Jacke wieder an, grinst verstohlen und tritt zu Amtmann von Heldburgs Platz, um dort den Becher, den er die ganze Zeit über in der rechten Hand behalten hat, nach einem kurzen Nicken in Richtung Sophie auszutrinken. Er setzt den Becher ab und hoppelt seltsam leichtfüßig und mit dem Oberkörper leicht nach hinten geneigt um die Schmalseite der Tafel. Als er am Platz Doktor

Scharffensteins angekommen ist, erhebt Sophie erneut ihren Becher, blickt Hänser aufmunternd an und spricht mit forscher Stimme.

Fräulein Sophie: Doggder Scharffmstein!

Hänser legt die linke Hand auf die Stuhllehne und greift mit der rechten nach dem Becher, während er Sophie anschaut. Er verfehlt den Becher, hat aber die Finger gekrümmt, als hielten sie diesen. Er streckt die Hand mit dem imaginären Becher prostend in Richtung Sophies und spricht mit sehr hoher, dünner Stimme.

Hänser: Herzlechn Klückwunsch zum Gebordsdaach, minne klinne Zuggerschnegge!

Hänser führt die gekrümmte Hand an die Lippen und bemerkt erst jetzt, dass diese keinen Becher hält. Er starrt etwas blöde auf seine nun geöffnete flache Hand, greift nach einem kurzen Moment des Staunens dann aber nach dem Becher und trinkt diesen aus. Er stellt ihn zurück auf die Tafel und geht schwankend und schweratmend weiter zum nächsten Platz, wo ihm Sophie überaus freundlich zuprostet.

Fräulein Sophie: Direggder Salzmann!

Hänser greift den Becher, schaut ins Publikum und beginnt mit sehr tiefer Stimme stark nuschelnd zu dozieren, als stünde er vor einer Klasse.

Hänser: Ar seid von enner scheen' Frau … *hick* … von enner scheen' Frau kaum ze unnerscheidn, minne Liewe …

Hänser stößt hörbar auf und wiederholt den letzten Halbsatz wie zur eigenen Bestätigung, jedoch mit gesteigerter Lautstärke, wobei er mit dem rechten Arm und dem Becher eine weit ausholende, schwungvolle Bewegung über der Tafel macht.

Hänser: … kaum ze unnerscheidn!

Hänser hält inne und starrt einen langen Moment geradeaus ins Leere, wobei er schwer atmet und sich zu sammeln versucht. Sophie hält währenddessen ihren Becher in der erhobenen Hand, verzieht keine Miene und wartet stoisch das Ende des Toasts ab. Hänser blickt sie an und fährt in einem ungewohnt vertraulichen Tonfall fort.

Hänser: Un ar sehd genausu uss wie de enne Hälfdn vom Godhaer Liewesbaar.

Unvermittelt beugt sich Hänser hinunter zu Sophie und schaut ihr tief in die Augen, bevor er sich wieder aufrichtet und voller Überzeugung verkündet:

Hänser: Ech wiss nur nonnech, welje!

Übergangslos blickt Hänser ins Publikum und verkündet mit lauter Stimme:

Doktor Scharffenstein

Hänser: Su, un jetze arkleer ech dn Zwiewlmarchd for aröffnd!

Hänser prostet Sophie kurz zu und erklärt dann kurz und bündig:

Hänser: Nien dermid! Im Wansd is dungkl!

Hänser trinkt den Becher aus, knallt ihn mit Schwung auf die Tafel zurück und rülpst dann lauthals, während er sich mit der geballten rechten Faust vor die Brust klopft. Sophie, die ebenfalls von ihrem Becher genippt hat, tupft sich völlig unbeeindruckt mit ihrer Serviette den Mund ab. Mit einem verlegenen Grinsen und rudernden Armen torkelt Hänser weiter, hat aber aufgrund seiner fortgeschrittenen Trunkenheit hinter Sophies Stuhl so viel Schwung, dass er sich an der Stuhllehne festhalten muss, wobei er den Stuhl mitsamt der laut aufkreischenden und mit den Armen rudernden Sophie weit nach hinten kippt. Er kann den Stuhl nur knapp vor dem Umkippen bewahren und kippt ihn wieder nach vorn, ohne Sophie weiter zu beachten. Diese greift sich mit der linken Hand ans Herz und fächelt sich mit der rechten Luft zu, um sich von dem Schockmoment zu erholen, während Hänser bereits wieder neben ihrem Platz steht und sich den Teller mit dem Rest des Essens greift.
Er torkelt, den Teller hoch erhoben in der rechten Hand tragend, in Richtung Kredenz. Beim Stolpern über den Schädel des Löwenfells werden Teller und Essen in hohem Bogen weggeschleudert in die Kulisse, wo das Porzellan

klirrend zerspringt. Hänser blickt zunächst nach oben, schaut dann erstaunt auf seine leere rechte Hand und schließlich verdattert in Richtung Sophie. Er schüttelt den Kopf, winkt mit der Hand ab, als sei damit die Angelegenheit erledigt, und greift nach dem Kuchenteller auf der Kredenz. Er dreht sich zu Sophie.

Hänser: Wie weers 'enn midde Stüggchn Flaum'kuchng zum Abschluss?

Sophie nickt Hänser beifällig zu und spricht mit leicht mahnendem Unterton.

Fräulein Sophie: Aer nur, wenne nech ze dreich is!

Hänser antwortet mit deutlichem Eifer in der Stimme.

Hänser: Näää, off gar kinn' Fall! Das kann ech euch garandier, dasser werglech dreischnass is. Ech han krad vorhen erschd in dar Küchn e Stüggchn dadervon browierd.

Hänser stürzt mit weit nach vorn gebeugtem Oberkörper los, sodass er zunehmend schneller laufen muss, um nicht hinzufallen. Bereits an der Tafel hat er so viel Schwung, dass er am Platz Sophies nicht mehr zum Stehen kommt, sondern an ihr vorbei durch die offenstehende Doppelflügeltür des Speisezimmers und damit aus dem Blickfeld des Publikums saust.
Sophie dreht sich erstaunt nach ihm um, steht dann aber, als sie Hänser nicht entdecken kann, entschieden

auf und geht einige Schritte in die Richtung der Tür. Sie bleibt stehen und schaut durch ihr Lorgnon. Unvermittelt kommt Hänser wieder durch die Tür zurück auf die Bühne gesaust und erschreckt dabei Sophie, die sichtlich um Fassung bemüht ist und mehrmals tief Luft holt, um sich wieder zu fangen. Während sie schweratmend wieder auf ihrem Stuhl Platz nimmt, steht Hänser wartend neben ihr.

Erst als Sophie sich vom Schrecken erholt hat und ihm zunickt, setzt er den Kuchenteller mit einer angedeuteten Verbeugung vor ihr ab und geht sodann schwankend weiter. Während Hänser hinter ihrem Stuhl herumgeht, beginnt Sophie mit einigem Zögern zu sprechen.

Fräulein Sophie: Ech dengk, mer nehm' … ähmmm ja … was nehm 'enn nur? E Wissn oder e Bruun'?

Sophie blickt Hänser fragend an, der nun in Erwartung ihres Wunsches neben ihr steht und sich mit einer Hand an der Lehne des Stuhles von Pfarrer Döring festhalten muss, um nicht zu sehr zu schwanken.

Hänser: Alsu echd dähd je gesaach, dass daderzu am ehsdn e Wisser bassn duhd.

Sophie spricht mit entschiedener und freudiger Stimme.

Fräulein Sophie: Stümmd! Alsu dann nehm' me doch e Nordhisser Dobblkorn nachng Kuchng.

Direktor Salzmann

Hänser zuckt ergeben mit den Schultern.

Hänser: E Nordhisser? Meinsweechn!

Hänser atmet tief durch und macht zwei Schritte in Richtung der Kredenz, als Sophie ein Einfall kommt und sie ihm hinterherruft.

Fräulein Sophie: Hänser! Nä, gans annerschder! Bringn se uns doch liewer e Kräuder. Un zwar e anständchn Aromadick! Un wenn schonn, dann au wehnsdns glei e dobbldn, ge?!

Hänser stoppt abrupt und dreht sich zu Sophie um. Er zieht eine angewiderte Grimasse und patscht sich mit einer Hand vor die Stirn. Während er sie langsam über das ganze Gesicht herunterzieht, jammert er mit gedehnter Stimme, die seinen ganzen Widerwillen ausdrückt.

Hänser: Orr nääää, kinn Aro! Un dann au noche dobbldn! Wos mech doch eh schonn su im Ranzn romgulscherd!

Sophie antwortet ihm mit energischer, fast schon verärgerter Stimme.

Fräulein Sophie: Hänser! Jetz heern se aer ema off, ümmer su romzeknärbln un gehm se endlech Ruh!

Hänser verbeugt sich übertrieben tief, verdreht die Augen und murmelt halblaut vor sich hin.

Hänser: Jeja, ech wiss … üwer alln Gibfln is Ruh.

Hänser versucht einigermaßen seine Haltung zurückzugewinnen. Die Grimasse, die er dann zieht, lässt erahnen, wie angestrengt er sich um eine noch halbwegs verständliche Aussprache bemüht. Er spricht stockend und mit sehr schwerer Zunge.

Hänser: Eisss … eisss nausu wie vorssahr, Froin Sefie?

Sophie schaut Hänser mit hochgezogenen Augenbrauen fragend an, der daraufhin erneut eine Grimasse schneidet und ebenso undeutlich wie zuvor spricht.

Hänser: Eisss nausu wie vorssahr?

Sophie antwortet beinahe gönnerhaft, aber mit großer Selbstverständlichkeit und Nachdruck.

Fräulein Sophie: No! Alles gans genausu wie jedes Jahr, Hänser!

Hänser zuckt gottergeben mit den Schultern und spricht mit resignierter Stimme.

Hänser: Was blibbd mech 'n au annerschder übrich!?

Hänser verbeugt sich übertrieben tief, dreht sich herum und taumelt gebückt zur Kredenz. Erst kurz vor dem Löwenfell hat er eine einigermaßen aufrechte Haltung wiedergewonnen, stolpert über den Schädel und rudert heftig mit den Armen, bis er sich gerade noch mit beiden Händen an der Kredenz festhalten kann.

Er verharrt nur einen kurzen Moment, bevor er nach der Flasche Aromatique greift. Um deren Etikett zu studieren, beugt er sich sehr tief hinunter zu der in beiden Händen gehaltenen Flasche, bis er mit der Nase direkt daran stößt. In dieser Haltung tappt er langsam in Richtung der Tafel, wobei er einzuschlafen scheint, denn es ist ein lautes Schnarchen vernehmbar. Erst als er an der Schmalseite der Tafel anstößt, erwacht Hänser, richtet sich auf und schaut sich einen Moment lang verwirrt um. Dann taumelt er, im Gehen die Flasche öffnend, mit einem freundlichen Grinsen in Richtung Sophie, der er erstmals achtlos und ohne stehenzubleiben einschenkt.

Er geht um ihren Stuhl herum und bleibt schwankend am Platz von Pfarrer Döring stehen, den imaginären Gast einen langen Moment streng mit den Augen fixierend. Unvermittelt und mit einem Ruck kippt er die Flasche Aromatique in Richtung des Bechers, sodass das herausschießende Getränk den Becher umstürzt. Hänser stellt den Becher hastig wieder auf und taumelt mit schwerer Schlagseite weiter nach links, wobei er jedoch den Platz von Amtmann von Heldburg verfehlt und erst an der linken Schmalseite der Tafel schwankend zum Stehen kommt.

Hänser geht etwas in die Knie, hält sich sich mit der linken Hand an der Tafel fest und zielt mit der rechten, welche die Flasche hält, über die Tischkante hinweg in Richtung des Bechers des Amtmanns, wobei er ein Auge zukneift. Er wippt während des Anvisierens einige Male in den Knien und springt dann urplötzlich in die Höhe, dabei die Flasche ruckartig in Richtung des Bechers stoßend. Obwohl der Großteil des Getränks nicht im Becher des Amtmanns landet, sondern weit über das Tischtuch verspritzt wird, achtet Hänser nicht darauf und geht taumelnd weiter. Er torkelt ohne anzuhalten an den Plätzen von Scharffenstein und Salzmann vorbei, wobei er die Flasche über beiden Bechern nur achtlos nach unten kippt und dadurch die meiste Flüssigkeit auf dem Tischtuch landet.

Während Hänser hinter Sophies Stuhl herumgeht, setzt er die Flasche an die Lippen und legt den Kopf in den Nacken, um den Rest des Aromatiques in einem einzigen Zug zu trinken. Er taumelt weiter in Richtung der Kredenz, bleibt aber unmittelbar vor dem Schädel des Löwenfells stehen, um leicht in die Hocke zu gehen und mit einem Schlusssprung über den Schädel zu springen. Er stellt die Flasche auf der Kredenz ab und dreht sich zufrieden grinsend um, einen triumphierenden Blick auf das „ausgetrickste" Fell werfend.

Stark schwankend geht Hänser zum Platz von Pfarrer Döring. Sophie hat derweil bereits ihren Becher wieder erhoben und fordert ihn ebenso fröhlich wie energisch zum Toast auf.

Fräulein Sophie: Farrer Döring!

Hänser nimmt den Becher und beginnt, statt einen Toast auszubringen, lauthals und beschwingt zu singen.

Hänser: Wissde, wie ville Sternlein steeeh'n …

Er unterbricht sich, um zu trinken, setzt den Becher ab und taumelt weiter zum nächsten Platz, wobei er halblaut und mehr für sich weitersingt.

Hänser: … an dn blau'n Himmlszeeeld?

Als Hänser am Platz des Amtmanns angekommen ist, erhebt Sophie ihren Becher, streckt ihn in seine Richtung aus und fordert mit forscher Stimme zum Toast auf.

Fräulein Sophie: Amdmann von Heldburch!

Hänser stützt sich mit einer Hand schwer auf die Stuhllehne, während er mit der anderen den Becher ergreift. Er nimmt sodann mühsam Haltung an, bevor er beim lauten und zackigen Toast die Hand mit dem Becher übertrieben schwungvoll nach oben reißt und zugleich die Hacken zusammenschlägt.

Hänser: Horridooo!

Das Getränk schießt aus dem Becher heraus nach oben und prasselt auf Hänser nieder, der sich kurz wie unter einem unerwarteten Regenschauer duckt. Er schaut mit verständnislosem Gesicht nach oben, schüttelt sich dann jedoch nur kurz und geht, während er achtlos den Becher abstellt, um die Schmalseite des Tisches zum Platz des

Doktors. Er ist noch nicht dort angekommen, als Sophie ihm bereits zuprostet.

Fräulein Sophie: Doggder Scharffmstein!

Hänser bleibt bei der Anrede unvermittelt und damit noch an der Schmalseite der Tafel stehen und antwortet sofort, während er hastig nach dem nächsten Becher greift, mit sehr hoher, dünner Stimme.

Hänser: Herzlechn Klück …

Aufgrund der Eile stößt Hänser den Becher jedoch um, dessen Inhalt sich nicht nur über das Tischtuch ergießt, sondern zu einem Gutteil auch auf den Boden vor ihm tropft. Hänser ergreift den Becher und weist mit der anderen Hand entschuldigend auf das Malheur.

Hänser: Oh, das duhd mech aer werglech leid, Madamm. Wardnse, das hamme glei widder!

Hänser hält den Becher direkt an die Tischkante und kehrt mit der anderen Hand einen Teil des verschütteten Getränks über das Tischtuch in den Becher. Er schaut auf die Pfütze, die sich auf dem Boden gebildet hat, blickt dann in Richtung Sophie und winkt beruhigend ab.

Hänser: Nur kinne Sorchn von weechns dn Bargedd, s is je nech varschammerierd. Un for de Fliedschn dahier hol ech glei nachnd noche Hader.

JIC'21

Hänser stützt sich mit einer Hand schwer auf die Ecke der Tafel, trinkt ohne weiteren Toast den Becher aus und wankt dann stark taumelnd weiter, wobei er sich mit der rechten Hand auf der Tafel bzw. den Lehnen der Stühle abstützt. Als er rechts neben Sophie angekommen ist, blickt ihn diese an und spricht, während sie ihren Becher erhebt, in forderndem Ton.

Fräulein Sophie: Direggder Salzmann!

Hänser nimmt, ohne überhaupt richtig auf die Tafel zu blicken, statt des Bechers die dicht danebenstehende Blumenvase, prostet Sophie kurz zu und doziert dann mit erhobener Vase, tiefer Stimme und schwerer Zunge in Richtung einer imaginären Klasse, während Sophie bereits trinkt.

Hänser: De algeholische Gehrung oder de Gehrung vom Algehol arzeuchd Gehrung, de sugenannde algeholische Gehrung.

Hänser führt die Vase zum Mund und staucht sich dabei die Blumen in die Nase. Irritiert, aber ohne Zögern nimmt er sie aus der Vase und wirft sie im hohen Bogen über die Tafel hinweg auf den Boden. Dann trinkt er mit großen Schlucken den Inhalt der Vase gewissenhaft aus und stellt sie mit einem deutlichen Knall auf die Tafel zurück. Er stützt sich mit beiden Händen auf die Stuhllehne, verzieht angewidert das Gesicht, streckt die Zunge heraus und schüttelt sich, während er sich lauthals beschwert.

Hänser: Blääà, was issän das for enne Seiche? Den Kaatzerd weer ech glei nachnd de Quiegn romgedreh!

Hänser schüttelt sich erneut und taumelt rückwärts in Richtung Kredenz, wo er sich auf halbem Weg zum Löwenfell wendet und dieses mit beiden Händen zu verscheuchen sucht.

Hänser: Schhh, schhh … Geh mech bloß uss dar Laduchdl!

Hänser bleibt schwankend und etwas schief neben dem Löwenfell stehen und grinst Sophie breit und etwas dümmlich an, als diese spricht.

Fräulein Sophie: Alsu Hänser, jetze bin ech aer voll wie enne gefreggsde Gans!

Der schwankende Hänser antwortet mit schwerer Zunge.

Hänser: Jeja, das kannech mech gud vorgestell.

Sophie hebt die Hände und breitet leicht die Arme aus, während sie mit freudiger Stimme spricht, die Worte deutlich betonend, um ihrer Begeisterung Nachdruck zu verleihen.

Fräulein Sophie: Das war dech aer au widderema enne werglech scheene Gebordsdaachsfeier!

Der immer noch stark schwankende Hänser atmet tief durch, bevor er lallend antwortet.

Hänser: Ge?! Viel besser wie dar letzde Ferdemarchd in Buddschd!

Sophie spricht mit entschiedener Stimme.

Fräulein Sophie: Hänser, ech dengk, ech mach mech jetze ab ins Nesd.

Hänser verzieht fragend das Gesicht.

Hänser: Ar seid wo schonn müde?

Sophie nickt hoheitsvoll.

Fräulein Sophie: No! Un wie!

Hänser taumelt zwei Schritte rückwärts, bis er sich mit einer Hand an der Kredenz abstützen kann. Er winkt abwehrend mit der anderen, als er spricht.

Hänser: Dann bleihm' se erschdema noch hoggn, Madamm. Ech weer euch glei da hengne offgegawl.

Hänser stürzt vornübergebeugt und taumelnd zu Sophies Platz. Noch während diese sich erhebt, ist er bereits mit Schwung neben ihr angekommen, greift aus der Bewegung heraus mit einer Hand nach der Lehne des Stuhls und dreht diesen nach hinten von der Tafel weg, sodass das Aufstehen Sophies und das Wegdrehen des Stuhles im selben Moment geschehen. Sophie geht ein paar Schritte in Richtung des vorderen Bühnenrands, bleibt dort stehen und wendet sich halb zu dem sich immer noch an der Stuhllehne festhaltenden und auf weitere Anweisungen wartenden Hänser um. Sophie spricht sehr entschieden.

Fräulein Sophie: Wie schonn gesaachd: Ech mach mech jetze ab ins Nesd.

Hänser lallt stark und spricht mehr zu sich selbst, während er sich schwankend in Richtung Sophie bewegt, die ihm bereits fordernd ihre erhobene linke Hand entgegenhält, um sich von ihm geleiten zu lassen.

Hänser: Jeja, eimannfrei. Ab ins Nesd …

Bei Sophie angekommen, nimmt Hänser ihre dargebotene Hand. Er hält kurz inne, um tief Luft zu holen und spricht dann mit plötzlich wieder völlig klarer Stimme und einem schelmischen Gesichtsausdruck.

Hänser: Ach, da fälld mech donnowas enn: Alles genausu wie voors Jahr, Frollein Sofie?

Sophie tritt etwas näher an Hänser heran, neigt ihren Kopf leicht zu ihm und blickt ihn mit einem verschwörerischen Lächeln an. Sie spricht mit voller Selbstverständlichkeit, dabei jedes Wort überdeutlich betonend.

Fräulein Sophie: No! Alles gans genausu wie jedes Jahr, Hänser!

Hänser atmet hörbar aus, zuckt dann mit den Schultern und spricht mit ergebener Stimme.

Hänser: Na gud. Ech weer mech de allergrößde Mühn geb!

Hänser grinst breit und zwinkert dem Publikum verschwörerisch zu, während er Sophie durch die Tür des Speisezimmers von der Bühne geleitet und zugleich der Vorhang fällt.

— ENDE —

Kleines Glossar der Mundartworte

A aal/e/r/s – alt/e/r/s
Ärford – Erfurt
annerschder – anders

B bie – bei
blibbd – bleibt
braadschn – sitzen
Bruuner – Brauner (Schnaps)
buddlwarm – angenehm warm
Buddschd – Buttstädt

D daderdroffn – darauf
dadermid – damit
dadervon – davon
dahier – hier
dech – dir
dermid – damit
derzu – dazu
desdarweechn – deswegen, deshalb
dobbfrahmschwarz – tiefschwarz
doldern – laufen, taumeln, torkeln
dreich – trocken
dreischnass – triefend nass

E ech – ich
eegalwech – immer, stets und ständig
ehr – ehe, bevor

F Fiduzn – Lust, Geduld
fischeland – gewieft, gewitzt
Fissemadendn – Unsinn, Schwierigkeiten
Fliedschn – kleine Pfütze
for – für
forzdroggn – sehr trocken
frielech – freilich

G Gär – (dummes) Gerede
ge? – stimmt's?, nicht wahr?
gefraach – fragen
gefreggsd – gestopft
gekneddschd – geredet, gesprochen
gesaach – sagen
gesie – sein
glei – gleich
Goddsagger – Friedhof
Gohde – Gotha

H Hader – Scheuerlappen
han – habe/n
henger – hinter
hengne – hinten
hinflansn – hinsetzen
hinne – drin
hoggn – sitzen
Huddelein – Schwierigkeiten
Hüdes – Klöße
hüüd – heute

I iesekaal – eiskalt

K Kaatzerd – Kater
kinn/e/r – kein/e/r
klinne/s – kleine/s
kloßn – sitzen
kommod – bequem

L Laduchdl – Licht

M mech – mir
Meeninge – Meiningen
minne – meine

N nachnd – nachher
närrsch – verrückt
Nesd – Bett
nien – hinein
no – ja, sicher
Nordhisser – Nordhäuser

O offgawln – abholen
offschöbbfm – aufschöpfen (mit einer Kelle auftun)

Q Quiege – Gurgel, Kehle, Hals

R Ranzn – Bauch
romgärn – langatmig erzählen, dummes Zeug reden
romgulschern – gluckern
romknärbln – maulen, jammern

S schwatzn – plaudern, zwanglos reden
Seiche – Urin
Sperenzchn – Umstände
suer – sauer
Sulze – Bad Sulza

U Umduhchn – Schultertuch
ungne – unten
uss – aus

V varschabbern – verschütten
varschammerierd – zerkratzt
ville – viel(e)

W Wansd – Bauch
wechgelass – weglassen, auslassen
wiss – weiß, wissen
Wisser – Weißer / Klarer (Schnaps)

Z Zied – Zeit

Dinner auf Englisch

James: Ahh, good evening, Miss Sophie, good evening!

Miss Sophie: Good evening, James.

James: You are looking very well this evening, Miss Sophie.

Miss Sophie: Well, I'm feeling very much better, thank you, James.

James: Good, good, good.

Miss Sophie: Well, I must say that everything looks very nice.

James: Thank you very much, Miss Sophie, thank you.

Miss Sophie: Is everybody here?

James: Indeed, they are, yes, yes. They are all here for your anniversary, Miss Sophie.

Miss Sophie: All five places are laid out?

James: All laid out as usual.

Miss Sophie: Sir Toby?

James: Sir Toby, yes, he's sitting here this year, Miss Sophie.

Miss Sophie: Admiral von Schneider?

James: Admiral von Schneider is sitting here, Miss Sophie.

Miss Sophie: Mr. Pommeroy?

James: Mr. Pommeroy I've put round here for you.

Miss Sophie: And my very dear friend, Mr. Winterbottom?

James: On your right, as you requested, Miss Sophie.

Miss Sophie: Thank you, James. You may now serve the soup.

James: The soup. Thank you very much, Miss Sophie, thank you. They are all waiting for you.

James: A little drop of mulligatawny soup, Miss Sophie.

Miss Sophie: I am particularly fond of mulligatawny soup, James.

James: Yes, I know you are.

Miss Sophie: I think we'll have sherry with the soup.

James: Sherry with the soup? Yes. Oh, by the way: the same procedure as last year, Miss Sophie?

Miss Sophie: The same procedure as every year, James.

James: The same procedure as every year, James. Yes, yes.

Miss Sophie: Is that a dry sherry, James?

James: Ahh, yeah, a very dry sherry, Miss Sophie. Very dry. Straight out of the cellar this morning, Miss Sophie.

Miss Sophie: Sir Toby!

James: Cheerio, Miss Sophie!

Miss Sophie: Admiral von Schneider!

James: Uhm … Must I say it this year, Miss Sophie?

Miss Sophie: Just to please me, James!

James: Just to please you. Very good, yes. Skål!

Miss Sophie: Mr. Pommeroy!

James: Happy New Year, Sophie gal!

Miss Sophie: And dear Mr. Winterbottom!

James: Well, here we are again, old lovely.

Miss Sophie: You may now serve the fish.

James: Fish. Very good, Miss Sophie. Did you enjoy the soup?

Miss Sophie: Delicious, James.

James: Thank you, Miss Sophie. Glad you enjoyed it.

James: A little bit of North Sea haddock, Miss Sophie.

Miss Sophie: I think we'll have white wine with the fish.

James: White wine with the fish? The same procedure as last year, Miss Sophie?

Miss Sophie: The same procedure as every year, James.

James: Yes.

Miss Sophie: Sir Toby!

James: Cheerio, Sophie, me gal.

Miss Sophie: Admiral von Schneider!

James: Oh, must I, Miss Sophie?

Miss Sophie: James, please!

James: Skål!

Miss Sophie: Mr. Pommeroy!

James: Happy New Year, Sophie gal.

Miss Sophie: Mister Winterbottom!

James: Well, here we are again, old lovely. You look younger than ever, love! Younger than ever! Hehehehe …

Miss Sophie: Please, serve the chicken.

James: Yah.

Miss Sophie: That looks a very fine bird.

James: Yes, that's a lovely cho … chocken … *(incomprehensible mumbling)*

Miss Sophie: I think we'll have champagne with the bird!

James: Champagne, yah. Sssame … sssame procedure as last year, Miss Sophie?

Miss Sophie: Same procedure as every year, James!

James: *(taking a bow)*

Miss Sophie: Sir Toby!

James: Sophie, me gal!

Miss Sophie: Admiral von Schneider!

James: Must I, Miss Sophie?

Miss Sophie: James!

James: Ssskål!

Miss Sophie: Mister Pommeroy!

James: Happy New Year, Sophie gal!

Miss Sophie: Mister Winterbottom!

James: It's … it's one of the nicest little women … *(hiccupping)* … one of the nicest little womeeen, that's ever … that's ever breathed … ever breathed … *(hiccupping)* … ever breathed. And now I declare this bazaar opened! Sip out! *(burping)*

James: Would you like some fruit?

Miss Sophie: I think, we'll have port with the fruit.

James: Ohhh nooo! *(hiccupping)*

James: Sss … sssame proceedyah as las yeeah, Miss Sophie?

Miss Sophie: *(giving a questioning look)*

James: Sssame proceedyah as las yeeah?

Miss Sophie: Same procedure as every year, James!

James: *(taking a bow)*

Miss Sophie: Sir Toby!

James: Sugar in the mooorning …

Miss Sophie: Admiral von Schneider!

James: Skål!

Miss Sophie: Mister Pommeroy!

James: Sorry, Madam, sorry!

Miss Sophie: Mister Winterbottom!

James: Uargh, I'll kill that cat! Shhh, shhh, shhh … shhh …

Miss Sophie: Well, James, it's been really a wonderful party!

James: Well, it's been most enjoyable.

Miss Sophie: And I think I'll retire.

James: You are going to bed?

Miss Sophie: Yes.

James: Sit down and give your hand up, Madam!

Miss Sophie: As I was saying, I think I'll retire.

James: Yah, yah, yah … Oh, by the way: the same procedure as last year, Miss Sophie?

Miss Sophie: The same procedure as every year, James!

James: Well … I'll do my very best!

Text: *Laurie Wylie*

Bildnachweis

Andreas M. Cramer: S. 9
Kai von Kindleben: Umschlag, S. 2, 21, 26, 32, 40/41, 45, 54, 63, 66, 74/75, 81, 86, 95
Matthias Wenzel: S. 11, 14/15
Shutterstock/Morphart Creation: S. 18/19

Buchhinweis

ISBN: 978-3-95400-634-2 | 12,99 €